Wolfgang Schnepper

Konditionsübungen im Fußball mit und ohne Ball

Wolfgang Schnepper, Jahrgang 1964, Diplomsportlehrer,
Ex-Bezirksligaspieler im Fußball,
Fußballabitur mit der Note "sehr gut"
1988-89 in der deutschen Triathlonspitze,
1990 Bayerischer Meister im Body-Building,
1998 Konditionstrainer im bezahlten Fußball
2003 - 2006 Sportlehrer an einer Gesamtschule

Bibliografische Informationen der Deutschen
Nationalbibliothek: Die Deutsche Nationalbibliothek
verzeichnet diese Publikation in der Deutschen
Nationalbibliografie; detaillierte bibliografische Daten sind
im Internet über http://dnb.d-nb.de abrufbar.

©2022 Wolfgang Schnepper
Herstellung und Verlag: BoD – Books on Demand,
Norderstedt
Satz und Layout: Wolfgang Schnepper

ISBN 978-3-7557-2365-3

Inhalt

# Vorwort

Dieses Buch richtet sich an Trainerinnen und Trainer, die gezielt und perfekt die Kondition ihrer Mannschaft trainieren und verbessern möchten. Dazu wird hier ein großes Repertoire an Übungen mit oder ohne Ball aufgeführt und genau beschrieben.

Die Übungen dienen zur Verbesserung der allgemeinen Ausdauer, der fußballspezifischen Ausdauer (überwiegend Übungen mit Ball), der Sprintbeschleunigung, der Grundschnelligkeit und der Sprungkraft.

Die fußballspezifische Ausdauer lässt sich am besten mit Ball und zwei Mannschaften trainieren wie " 2 bis 6 gegen 2 bis 6". in der Regel erfolgt dies bei gleicher Spieleranzahl pro Mannschaft und natürlich auf dem entsprechenden Kleinfeld. Aber auch die Grundschnelligkeit und Sprintbeschleunigung lassen sich mit Ball und sogar einem Torschusstraining kombinieren.

Alle diese Übungen finden Sie hier in diesem Buch für den Senioren- und A-Jugendbereich.

Im letzten Kapitel wird die neueste und effektivste Trainingsform "Elf gegen Null (progressives Mannschaftstraining mit steigendem Schwierigkeits- und Realitätsgrad)" vorgestellt, mit der man die Mannschaftsleistung innerhalb kürzester Zeit enorm steigern kann.

Konditionsübungen ohne Ball

Verbesserung der allgemeinen aeroben Ausdauer

Seit einiger Zeit wird im Leistungssport das High-Intensity-Interval-Training (genaue Erklärung erfolgt weiter unten) proklamiert. Es ist ein spezielles Ausdauertraining in Intervallform mit hoher Intensität. Dies kann im Fußballsport auch mit Ball trainiert werden.

Viele Experten sagen sogar, für den Fußballer kann ein Ausdauertraining mit Einheiten über 30 bis 50 Minuten mit gleichbleibender relativ niedriger Laufgeschwindigkeit in der Vorbereitungsperiode entfallen.

Auf kurze Sicht mag das stimmen, aber langfristig kommt es bei permanent hohen Belastungen zu einer Art Übertraining und vermehrter Verletzungsanfälligkeit. Das beste und aktuellste Beispiel dafür ist Eric Haaland.

Fußballer und Fußballerinnen im Seniorenbereich brauchen in der Vorbereitungsperiode ein Grundlagenausdauertraining in Form von Waldläufen und Fahrtspiel, bevor in Bezug auf Ausdauer nur noch die fußballspezifische Ausdauer trainiert wird (inklusive High-Intensity-Interval-Training kurz HIIT).

Hierdurch wird das Verletzungsrisiko gesenkt und die Regenerationsfähigkeit erhöht.

# Konditionsübungen ohne Ball

Ausdauer

Die Grundlage für eine hohe Laufbereitschaft und hohes Laufvermögen über ein ganzes Fußballspiel ist die Ausdauer (allgemeine aerobe Ausdauer) bzw. die Ausdauerleistungsfähigkeit.

Unter der allgemeinen aeroben Ausdauer versteht man die Fähigkeit, die zur Aufrechterhaltung einer bestimmten Belastungsintensität (hier Laufgeschwindigkeit) notwendige Energie ausschließlich durch die Oxidation mit Sauerstoff bereitzustellen.

Bei einer hohen Ausdauerleistungsfähigkeit eines Fußballspielers sind nicht nur die Laufwege in einem Fußballspiel höher, sondern auch die Regenerationsfähikeit ist nach einem Spiel wesentlich erhöht. Damit verbunden reduziert sich auch die Verletzungsanfälligkeit.

In der Kreisliga sind viele Spieler nicht optimal trainiert, einige zeigen auch ein Übergewicht. Wird in der Vorbereitungsphase das Training der Ausdauer bei den Jugendmannschaften zu sehr ausgedehnt, bleiben allerdings viele Spieler dem Training fern oder verlassen sogar den Verein. Deshalb sollten Waldläufe usw. nur vier bis sechs Wochen in der Vorbereitungsphase eingesetzt werden.

Kündigen Sie nicht an, in welcher Trainingseinheit ein Waldlauf oder ein Fahrtspiel eingesetzt wird, damit kein Spieler sus Berechnung dem Training fern bleibt..

Nach den vier bis sechs Wochen wird nur noch die fußballspezifische Ausdauer trainiert, überwiegend erfolgt dies mit Spielen "2 bis 6 gegen 2 bis 6" wie schon erwähnt.

 # Konditionsübungen ohne Ball

Welche Trainingsmethoden gibt es zur Verbesserung der allgemeinen aeroben Ausdauer?

Hier bieten sich die Intervall- und die Dauermethode an. Für den Fußballer sollte überwiegend die Dauermethode (z.B. Waldlauf oder Fahrtspiel) eingesetzt werden. Das Ausdauertraining findet weitestgehend in der Saisonvorbereitung statt oder kann z.B. bei Spielausfällen auch zur Erholung genutzt werden.
Die Spieler haben z.B. an einem Tag spielfrei oder wurden nicht eingesetzt. Jetzt bietet sich ein lockerer Waldlauf über 30 – 50 Minuten zur Erholung und als Ausdauertraining an.
Während der Saisonvorbereitung können etwa 6 bis 8 Ausdauereinheiten über 4 bis 6 Wochen zwischen 30 – 50 Minuten aufgenommen werden. Beim Fahrtspiel werden dabei Strecken mit unterschiedlicher Geschwindigkeit durchlaufen.
Es werden z.B. die ersten 2 Kilometer locker gelaufen, dann 500 Meter schnell, 200 Meter gehen, 1 Kilometer locker, Sprint bergauf usw.
Im Jugendbereich setzt ein Ausdauertraining in der Regel ab der C-Jugend ein. Die Belastungsdauer der einzelnen Einheit, sowie die gesamte Phase sind dabei etwas kürzer.
Sind die Leistungsunterschiede innerhalb einer Mannschaft zu groß, wird diese in zwei Gruppen unterteilt.
Die leistungsstärkere Gruppe läuft eben nur in einer vorgege-benen Zeit eine längere Strecke.
Monotones Laufen auf der Aschenbahn sollte ausgeschlossen werden. Bevorzugen Sie Wald- und Geländeläufe, wenn die Gegebenheiten es hergeben.

 # Konditionsübungen ohne Ball

Beispiel für eine Trainingseinheit in der Vorbereitungsphase

1. 30 bis 50 Minuten Waldlauf oder Geländelauf mit Fahrtspiel

2. 20 bis 30 Minuten Training der Grundtechniken

3. Abschlussspiel über 15 bis 20 Minuten

Beispiel für eine Belohnungstrainingseinheit während der Vorbereitungsphase

1. Aufwärmen mit 5 gegen 2 oder dem Sprinter ABC

2. Ausdauertraining im Trainingsspiel

Bei dieser Form des Trainingsspiels darf eine Mannschaft nur ein Tor erzielen, wenn alle Mitspieler (außer Torwart) sich in der gegnerischen Hälfte befinden. Bei dieser Regel sind alle Spieler mehr oder weniger gezwungen, sich ins Angriffsspiel mit einzuschalten. Des Weiteren wird hier ganz unauffällig das Training der fußballspezifischen Ausdauer eingebaut (diese Art des Abschlussspiels wird natürlich nach einem harten Konditionstraining vermieden, ein Training in den Erschöpfungszustand oder sogar in ein permanentes Übertraining könnte die Folge sein.

3. "Normales" Abschlussspiel oder mit technischen oder taktischen Vorgaben

 # Konditionsübungen ohne Ball

High-Intensity-Interval-Training (HIIT)

Am Ende der Vorbereitungsperiode können auch 1 bis 3 Einheiten in Form von HIIT ohne Ball ins Training eingebaut werden. Im weiteren Verlauf der Saison erfolgt das fußballspezifische Ausdauertraining aber fast nur noch in der Form HIIT mit Ball. Hierauf kommen wir später zurück.

HIIT steht für ein hochintensives Intervalltraining. Ein Training ist effektiver, wenn es nicht immer in einem monotonen und leichte bis mittleren Belastungsbereich stattfindet, sondern zwischen starker Anstrengung und Erholung wechselt. HIIT wird auch polarisiertes Training genannt.
Die Intervalle bewegen sich zwischen zwei Extremen "locker und hart".
Im Fußball bezieht es sich auf den permanenten Wechsel von lockerem und sehr schnellem Laufen. Das lockere Laufen kann auch aus einer Gehphase bestehen, die im Fußballsport auch bei Wettspielen sehr häufig vorkommt.
Die Kombination aus sehr hoher Belastung und anschließender Erholung im Wechsel erhöht schließlich die Ausdauer (hier die fußballspezifische Ausdauer) und die Leistungsfähigkeit insgesamt.

 # Konditionsübungen ohne Ball

Trainingseinheit HIIT für Fußballer ohne Ball

HIIT Trainingseinheiten ohne Balleinsatz für Fußballer werden in der Regel nicht eingestzt. Allerdings spricht auch nichts dagegen, wenn zur Abwechslung eine solche Einheit absolviert wird. Allerdings sollte diese niemals vor einem Technik- oder Schnelligkeitstraining stattfinden.

Ablauf:

1. Es werden 6 bis 10 Wiederholungen gelaufen.

2. Die Laufdauer beträgt 10 bis 20 Sekunden mit 80 bis 90 Prozent der maximalen Laufgeschwindigkeit.

3.Die Pausenlänge zwischen den Wiederholungen ist gleich bis viermal so lang wie die Belastungsphase.

4. In der Pause wird langsam gegangen oder langsam getrabt.

 # Konditionsübungen ohne Ball

Weitere Form des Intervalltrainings oder HIIT

Ein Dreieck wird mit Pylonen abgesteckt. Die lange Seite des Dreiecks beträgt etwa 30 – 60 Meter je nach Alter und Trainingszustand, die kurze Seite etwa 20 Meter und die mittlere Seite 25 – 50 Meter. Die Trainingsdauer liegt bei etwa 10 Minuten. Die lange Strecke wird hierbei mit fast maximaler Geschwindigkeit durchlaufen, die kurze Strecke langsam gegangen und die mittlere Strecke getrabt (siehe Grafik unten).

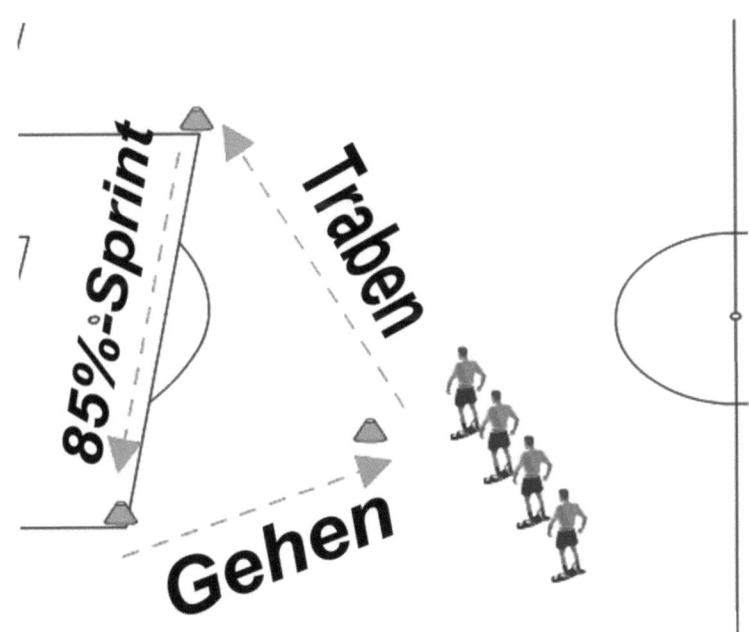

 # Konditionsübungen ohne Ball

Cooper-Test, ja oder nein?

Der Cooper-Test ist ein anerkannter Test zur Überprüfung der allgemeinen aeroben Ausdauer. Es handelt sich um einen Lauf mit einer Dauer von 12 Minuten, hierbei wird die maximal zurückgelegte Strecke ermittelt.
Für Fußballer ist der Test anspruchsvoll, da die zurückgelegte Strecke zwischen einem Mittel- und einem Langstreckenlauf liegt. Die Spieler müssen sich gut einschätzen können, um nicht zu früh zu viel Laktat aufzubauen und schließlich zu übersäuern, aber sollten auch nicht zu langsam zu laufen.

Wenden Sie den Test aber nur an, wenn ideale Bedingungen vorliegen, ansonsten ist dieser nicht aussagekräftig:

1. 400-m-Kunstoffbahn oder trockene Aschenbahn oder Vergleichbares, gelaufen wird mit leichter Laufkleidung und leichten Laufschuhen

2. Außentemperatur 16–25 °C bei relativ trockener Luft

3. Die Spieler müssen körperlich gesund sein

4. Die Fußballer müssen ausgeruht sein

5. Die Spieler müssen über diesen Test rechtzeitig informiert werden, damit sie z.B. vorher nicht zu "schwere" Nahrung konsumieren oder sich vorher schon stark körperlich belastet haben.

 # Konditionsübungen ohne Ball

Für Kreisliga-Spieler und A-Jugend-Spieler kommen wir dann zu folgender Beurteilung:

3000 Meter und mehr: Note 1

2800 Meter und mehr: Note 2

2600 Meter und mehr: Note 3

2400 Meter und mehr: Note 4

Unter 2400 Meter: Die allgemeine Ausdauer sollte gezielt trainiert werden.

Für Kreisliga- , Bezirksliga- und A-Jugend-Spielerinnen gilt folgende Beurteilung:

2700 Meter und mehr: Note 1

2500 Meter und mehr: Note 2

2300 Meter und mehr: Note 3

2100 Meter und mehr: Note 4

Unter 2100 Meter: Die allgemeine Ausdauer sollte gezielt trainiert werden.

 # Konditionsübungen ohne Ball

Für Bezirksliga- und Landesliga-Spieler kommen wir dann zu folgender Beurteilung:

3200 Meter und mehr: Note 1

3000 Meter und mehr: Note 2

2800 Meter und mehr: Note 3

2600 Meter und mehr: Note 4

Unter 2600 Meter: Die allgemeine Ausdauer sollte gezielt trainiert werden.

Für Spielerinnen höherer Ligen gilt folgende Beurteilung:

2900 Meter und mehr: Note 1

2700 Meter und mehr: Note 2

2500 Meter und mehr: Note 3

2300 Meter und mehr: Note 4

Unter 2300 Meter: Die allgemeine Ausdauer sollte gezielt trainiert werden.

 # Konditionsübungen ohne Ball

Für Verbands- und Oberliga-Spieler kommen wir dann zu folgender Beurteilung:

3300 Meter und mehr: Note 1

3200 Meter und mehr: Note 2

3100 Meter und mehr: Note 3

3000 Meter und mehr: Note 4

Unter 3000 Meter: Die allgemeine Ausdauer sollte gezielt trainiert werden.

Für Regionalliga-Spieler und höher gilt folgende Beurteilung:

3400 Meter und mehr: Note 1

3300 Meter und mehr: Note 2

3200 Meter und mehr: Note 3

3100 Meter und mehr: Note 4

Unter 3100 Meter: Die allgemeine Ausdauer sollte gezielt trainiert werden.

 **Konditionsübungen ohne Ball**

Die angegebenen Normwerte beziehen sich natürlich nur auf Feldspieler und Feldspielerinnen. Die besten Fußball-Profis im Bereich "Ausdauer" legen in 12 Minuten 3800 Meter zurück, für 10 Kilometer benötigen diese 35 Minuten. Es gibt auch Fußball-Profis die 400 Meter unter 50 Sekunden laufen. Fast alle Spieler, die diese Leistungen erbringen, sind Mittelfeld-Spieler.

# Konditionsübungen ohne Ball

Training der Schnelligkeit und der Sprintbeschleunigiung ohne Ball

Training der Grundschnelligkeit

Auch im Seniorenbereich kann die Sprintbeschleunigung und die Grundschnelligkeit mit gezielten Übungen erheblich verbessert werden. Auch verschafft sich die Mannschaft dadurch einen weiteren Vorteil.

Sprinter ABC

Der Trainer oder die Trainerin sollte im Training regelmäßig ein Sprinter ABC zum Trainingsbeginn einbauen. Diese Übungsform ist die Grundlage zur Verbesserung der Beschleunigung und GrundschnelligKeit.

Am Ende des Sprinter ABC`s empfiehlt es sich Sprungübungen wie Sprunglauf, Hopserlauf auf Höhe oder Weite und / oder den Prellsprung miteinzubauen.

Nach einiger Zeit können die Spieler ein Sprinter ABC zum Aufwärmen und zur Verbesserung der Sprintleistungen selbstständig durchführen.

Das Sprinter ABC können Sie im Internet nachlesen, falls es noch nicht im Training verwendet wird. Auch in unserem Buch "Taktiktraining im Jugendfußball" von Manfred Claßen und Wolfgang Schnepper wird dieses Kapitel ausführlich behandelt.

 # Konditionsübungen ohne Ball

Erhöhung der Grundschnelligkeit durch reines Schnelligkeitstraining

Der Sprinter führt diese Trainingsform folgendermaßen durch:
Er läuft mit submaximaler Beschleunigung je nach Leistungsstand 30 bis 60 Meter an und läuft dann mit maximaler Geschwindigkeit eine Strecke von 30 Metern. Danach folgt eine Pause von 5 bis 10 Minuten und die Übung wird fünfmal durchgeführt. Für einen Sprinter kann das unter Umständen eine ganze Trainingseinheit sein.

Im Jugendbereich kann man diese Übungsform ab der D-Jugend einführen. Hier wird allerdings der Anlauf verkürzt und zwei Durchgänge sind ausreichend mit einer Pausenlänge von drei Minuten. Ein weiteres Ausdehnen während des Haupttrainings ergibt für den Fußballer keinen Sinn, weil dann zu wenig Trainingszeit für andere Dinge bleibt.

Für diese Übungsform muss der Athlet absolut ausgeruht sein, ansonsten bleibt die Übung vollkommen wirkungslos.

Durch das submaximale Anlaufen spart der Läufer Energie für die Höchstgeschwindigkeit und kann so mit einer etwas höheren Geschwindigkeit die Hauptstrecke durchlaufen. Dieses Training kann ein bis zweimal pro Woche eingebaut werden.

Übungsbeispiel:
Ein Fußballer der Kreisliga läuft die 100 Meter in 13,0 Sekunden. Bei dieser Zeit hat er nach etwa 20 Metern schon die Höchstgeschwindigkeit erreicht.

Für die Übung läuft er aber jetzt 30 Meter an (submaximale Beschleunigung), darf erst dann seine Höchstgeschwindigkeit erreichen und läuft die nächsten 30 Meter maximal.

 # Konditionsübungen ohne Ball

Nach diesem ersten Durchgang braucht der Fußballer eine Pause von fünf Minuten. Diese wird mit Ball "hochhalten" oder leichten Dehnübungen überbrückt.
Insgesamt werden drei Durchgänge absolviert.

 # Konditionsübungen ohne Ball

Erhöhung der Grundschnelligkeit durch bergab laufen

Die Spieler laufen eine Strecke von etwa 60 Metern mit maximaler Geschwindigkeit, wobei die Strecke ganz leicht geneigt ist (eine Neigung von maximal 2 %). Auch hier müssen die Athleten absolut ausgeruht sein. Eine Wiederholung ist für den Fußballer alle paar Wochen ausreichend . Der Sinn der Übung ist, dass die Sportler mit einer höheren Schrittlänge laufen, die sich dann auf der Ebene auch etwas erhöhen kann bei einer gleichen Schrittfrequenz. Diese Trainingsform kann ab der C-Jugend eingebaut werden.

Erhöhung der Beschleunigungsfähigkeit und Grundschnelligkeit über kurze Sprints

Ungefähr 80 Prozent aller Sprints im Fußball beziehen sich auf eine Länge von maximal 20 Meter, nur 1 Prozent liegen über 40 Meter. Die Kurzsprintübungen im Training liegen bei 5 – 40 Meter. Die Pause zwischen den einzelnen Durchgängen liegt bei einer Minute pro gelaufene 10 Meter, 3 – 5 Durchgänge werden gestartet. Im Kreisliga-Bereich liegt die Streckenlänge bei 20 bis 30 Metern.

Beispiel:
Nach einem Aufwärmprogramm und 5 Minuten lockerem Dehnen stellen die Spieler sich in zwei Gruppen hintereinander auf. Auf Kommando laufen immer zwei gegeneinander mit höchster Intensität und aus unterschiedlichen Startpositionen wie stehend, liegend, hockend usw.
Bei einer Strecke über 20 Meter muss eine Pausenlänge von 2 Minuten eingehalten werden, um einen höchstmöglichen Trainingseffekt zu erlangen.
Die Wiederholungszahl wird auf 3 - 5 begrenzt.

 # Konditionsübungen ohne Ball

Verbesserung der Grundschnelligkeit und der kognitiven Sprintfähigkeiten mittels Linienlauf mit oder ohne Ball

1. Die Spieler laufen hintereinander langsam die gesamte Mittellinie ab. Die Füße setzen dabei genau auf die Mittellinie auf.

2. Jetzt wird ein Steigerungslauf genau auf der Mittellinie durchgeführt. Die Spieler starten wiederum nacheinander. Der folgende Spieler startet allerdings erst, wenn der Vorgänger seinen Lauf komplett beendet hat.

Die Spieler steigern dabei langsam ihre Laufgeschwindikeit und sollen dabei etwa nach 30 bis 40 Metern ihre Höchstgeschwindigkeit erreichen.

Die Füße sollen dabei wiederum genau auf die Mittellinie aufsetzen. Der Körper ist in der Sprintphase komplett aufrecht. der Kopf darf nicht nach vorne geneigt sein, der Kopf steuert den Rumpf.

Der Trainer oder die Trainerin korrigiert gegebenenfalls die Spieler.

Bei einem aufrechten Lauf und dem Aufsetzen der Füße laufen die Spieler schneller und mit einem geringeren Energieverbrauch.

 **Konditionsübungen ohne Ball**

**Exkiurs: Wie schnell laufen oder liefen die schnellsten Fuß-
baller der Welt die 100 Meter?**

Schauen wir uns die schnellsten Fußballer genauer an, und
betrachten hierbei zunächst die Grundschnelligkeit.

10. Sergio Ramos: 30,6 km/h

9. Franck Ribery: 30,7 km/h

8 Wayne Rooney: 31,2 km/h

7. Lionel Messi: 32,5 km/h

6. Theo Walcott: 32,7 km/h

5. Cristiano Ronaldo: 33,6 km/h

4. Aaron Lennon: 33,8 km/h

3. Antonia Valencia: 35, 1 km/h

2. Jürgen Damm: 35,2 km/h

1. Der Waliser Gareth Bale mit 36,9 km/h (!) und Arjen Robben mit 37,0 km/h (!) wollen wir auf den ersten Platz setzen.
.

 # Konditionsübungen ohne Ball

Diese Reihenfolge kann sich jederzeit ändern, und entspricht dem Stand von März 2020.

Doch was bedeuten diese Zahlen genauer im Vergleich zu Usain Bolt, der eine Höchstgeschwindigkeit von über 45 km/h laufen kann bzw. konnte. Zwischen 37 und 45 km/h ist ja noch ein riesiger Unterschied. Dies wird aber dadurch relativiert, dass auf dem Rasenplatz und oft auch durch krumme Laufwege keine optimalen Sprintbedingungen gegeben sind. Weiterhin sind Fußballschuhe auch zu schwer für die optimale Geschwindigkeit. D.h. unter perfekten Bedingungen mit Nagelschuhen (Spikes) würde Robben vermutlich 39 km/h erreichen, fast ein Spitzensprinter.

Wie schnell kann Arjen Robben nun in etwa die 100 Meter laufen, und zwar auf Tartan und mit Spikes bei optimalen Temperaturen und erlaubtem Rückenwind?

Dies können wir leicht errechnen mit den nötigen Vorkenntnissen. 39 km/h entspricht 10,83 Meter pro Sekunde. Das wiederum bedeutet eine Zeit über 100 Meter von 9,23 Sekunden bei gleichbleibender Geschwindichkeit. Nun müssen wir aber noch 1,2 Sekunden für die Beschleunigungsphase und Sprintausdauer einrechnen (39 km/h kann nicht nach der Beschleunigung permanent gehalten werden). So kommen wir auf eine 100 Meter Zeit von 10,43 Sekunden. Nach einem Exkurs werden wir die Beweise finden, dass dieses tatsächlich der Wahrheit entspricht, obwohl es unglaublich klingt. Die schnellsten Fußballer der Welt sind fast genau so schnell wie die besten deutschen Sprinter, es fehlen nur ein bis zwei Zehntel, als ein bis zwei Meter etwa.

 # Konditionsübungen ohne Ball

Warum machen Spikes und Tartan so viel schneller oder warum haben die Ungaren dieses Endspiel verloren?

Ja, liebe Leserinnen und Leser diesen Zusammenhang werde ich ihnen jetzt verdeutlichen. Spikes bzw. Nagelschuhe sind viel leichter als Fußballschuhe. Das Schuhgewicht betraf auch 1954 das WM-Endspiel zwischen Deutschland und Uhgarn.

Die Hauptursache für den deutschen Erfolg war der **Regen** während des Endspiels, und das ist kein schlechter Witz. Ohne den Regen hätte Deutschland keine Chance gegen Ungarn gehabt.

Die von **Adolf „Adi" Dassler** entwickelten Fußballschuhe mit Schraubstollen verschafften den deutschen Spielern den entscheidenden Vorteil.

Während die durch den Dauerregen aufgeweichten Schuhe der ungarischen Spieler ihr Gewicht auf 1500 Gramm verdoppelten, wogen die Schuhe der deutschen zu diesem Zeitpunkt lediglich 700 Gramm. Die neuen Schuhe von Adidas nahmen kein oder nur wenig Wasser auf, außerdem boten die neuen Schraubstollen einen viel besseren Halt auf dem aufgeweichten Untergrund. Nach unserer Überzeugung waren diese beiden Faktoren der Hauptgrund für den Sieg der deutschen Nationalmannschaft.

So, jetzt können schlaue „Füchse" sagen, „was machen denn 800 Gramm bei einem Körpergewicht von 65 bis 85 Kilogramm der einzelnen Spieler aus"?

 # Konditionsübungen ohne Ball

Die positiven Auswirkungen von Wettkampfschuhen werden noch heute von vielen Sportlern unterschätzt. Gehen wir hier einmal zum Langstreckenlauf der Leichtathletik. Die Läuferinnen und Läufer im vorderen Feld tragen ausschließlich leichte Laufschuhe, im hinteren sehen wir oft eine schwere Fußbekleidung. Man könnte nun zu folgender Schlussfolgerung kommen, dass die guten Platzierungen über das Gewicht der verwendeten Schuhe erzielt werden. Das ist natürlich nicht so, weil die schwereren Läuferinnen und Läufer auch meistens die schweren Trainingsschuhe im Wettkampf tragen.

Fragt man die betreffenden Personen, warum sie die schweren Schuhe tragen, bekommt man meistens folgende Antwort:"Ich brauche die Dämpfung für meine Gelenke, sonst halte ich den Wettkampf nicht durch". Aber diese Argumentation stimmt nicht, denn je stärker die Dämpfung eines Schuhs, desto mehr Energie geht verloren.

Jahrzehntelang entwickelte die Industrie irgendwelche Dämpfungssysteme in den Schuhen wie Schaum, Luftpolster, Waben usw. Geholfen hat das aber überhaupt nichts, die Verletzungshäufigkeit blieb gleich, die Laufzeiten wurden aber schlechter. Die Läuferinnen und Läufer konnten sich allerdings einfach beim Auftritt in den Schuh fallen lassen, mussten sich dann aber mit umso größerer Kraft wieder abdrücken, was für ein Paradoxon.

Nun haben Wissenschaftler alle biomechanischen bzw. physikalischen Gesetze entdeckt, und bei den Laufschuhen werden sie wieder vergessen, traurig aber wahr.

Es wurde einfach nicht bedacht, dass die Muskulatur über eine Speicherfähigkeit der Auftrittskraft verfügt, und diese beim Abdruck wieder abgibt (kennt jeder aus dem kleinen Gummiball,

auch Flummi genannt, aus der Kindheit, den man auf den Fliesen fallen lässt, und der dann immer wieder springt mit relativ geringem Höhenverlust).

Doch kommen wir zurück zum Schuhgewicht. Das Gewicht am Fuß hat mindestens die 10-fach negative Wirkung wie die gleiche Masse, die am Rücken eines Sportlers fixiert ist. Warum das so ist, erscheint relativ schnell logisch, da der Fuß am Ende des „Hebels" liegt. Der Rumpf, einschließlich Becken, wird nur in der Beschleunigungsphase beschleunigt, und dann auf gleicher Geschwindigkeit gehalten. Die Beine, aber vor allem die Füße, müssen nun bei jedem Schritt wieder angehoben und beschleunigt werden. Damit ist klar, warum sich hier ein höheres Gewicht besonders negativ auswirkt. Die Laufgeschwindigkeit wird geringer, und der Energieverbrauch auf gleicher Strecke wesentlich höher.

Die ungarischen Spieler hatten nun im Regen 800 Gramm Schuhgewicht mehr zu beschleunigen und zu tragen, nach unserer Meinung war dies der Hauptgrund der verlorenen Fußball-Weltmeisterschaft 1954. Diesen Sachverhalt können wir auch empirisch belegen. Bei Zeitmessungen über 20 Meter aus dem Hochstart (ohne Reaktionszeit) ergaben sich hier erhebliche Zeitunterschiede des gleichen Athleten mit diesen unterschiedlichen Schuhgewichten von einmal 700 und 1500 Gramm. Mit den schwereren Schuhen waren die Sportler im Schnitt 0,15 Sekunden langsamer (elektronische Zeitmessung, die wir in der Halle auf Tartanboden vornahmen). Das entspricht etwa einen Unterschied von 1,3 Metern auf dieser kurzen Strecke, hinzu kommt noch der höhere Energieverbrauch mit den schweren Schuhen, der bei 90 Minuten Spieldauer extrem sein muss. Die ungarischen Spieler hatten also gegen Ende des Spiels einen

 # Konditionsübungen ohne Ball

wesentlich höheren Ermüdungsgrad.

Hinzu kam auch noch, dass Puskas Verletzung noch nicht ganz auskuriert war, und ihm ein Tor wegen Abseits aberkannt wurde.

Fassen wir zusammen: Die Ursache für die Niederlage der Ungaren war der Regen, der Hauptgrund, die hiermit verbundenen schweren Schuhe. Vergessen dürfen wir jedoch auch nicht die Verletzung von Puskas und sein nicht anerkanntes Tor.

Aber warum ist man auf einer Tartan- bzw. Kunststoffbahn schneller als auf einem Rasenplatz?

Die Frage ist schnell beantwortet, weil der Wirkungsgrad auf den künstlichen Bahnen wesentlich höher ist. Hier ist der Boden absolut eben und auch die Nägel der Spikes dringen perfekt in den Untergrund ein. Die Füße verschieben sich beim Abstoss auf dem Boden keinen Millimeter nach hinten.

 ## Konditionsübungen ohne Ball

Doch kommen wir zum eigentlichen Thema zurück. Können Fußballer wirklich 100 Meter in 10,43 Sekunden unter optimalen Bedingungen zurücklegen?

Schauen wir uns doch die 100 Meter Zeiten der schnellsten Fußballer an , die uns vorliegen.
Mit seiner enormen Schnelligkeit war David Odonkor bei der WM 2006 der perfekte Joker und rettete das 1:0 gegen Polen. Er schaffte die 100 Meter in 10,6 Sekunden.

Der Real-Star Gareth Bale gab an, schon mit 14 Jahren der schnellste Sprinter seiner Schule gewesen zu sein. Auch in der Premier League war er deswegen gefürchtet. Er läuft die 100 Meter 100 Meter in 10,5 Sekunden.

Der Dortmunder Pierre-Emerick Aubameyang wurde im Sportstudio mal als "der Fußballer, der schneller als Usain Bolt ist" angesagt. Die 9,58s vom Jamaikaner läuft "Auba" allerdings nicht, aber mit 10,42 Sekunden auf 100 Metern ist er fast einmalig, wenn es Marvell Wynne nicht geben würde.
Der US-Amerikaner dürfte jedem FIFA-Spieler bekannt sein durch seine unglaubliche Schnelligkeit. Er ist der schnellste, bisher gemessene Fußballer der Welt mit 10,39 Sekunden auf 100 Metern.
Arjen Robben wird allerdings zu seiner besten Zeit auch nicht wesentlich langsamer gelaufen sein. Damit ist bewiesen, dass Fußballer tatsächlich diese unglaublichen 100 Meter Zeiten laufen können. **Nach diesem Exkurs kehren wir zu den eigentlichen Themen zurück. Aber ich glaube dieser kleine Ausflug war für jeden Leser und jeder Leserin interessant.**

 # Konditionsübungen mit Ball

Das Training der Schnelligkeit mit Ball

Torschusstraining mit gleichzeitigem Grundschnelligkeitstraining

Die hier beschriebene Übung sollte häufiger in das Training integriert werden. Sie schult eine wichtige Kontereigenschaft, Sprintkriterien und die Verarbeitung der Ballannahme mit abschließendem Torschuss aus hoher Geschwindigkeit.

Übungsablauf: Die Fußballer stehen 10 Meter hinter der Mittellinie zentral vor dem Tor mit Torwart hintereinander in einer Reihe. Der Erste läuft an und beschleunigt submaximal (keine volle Beschleunigung), so dass er erst nach 30 Metern die höchste Laufgeschwindigkeit erreicht

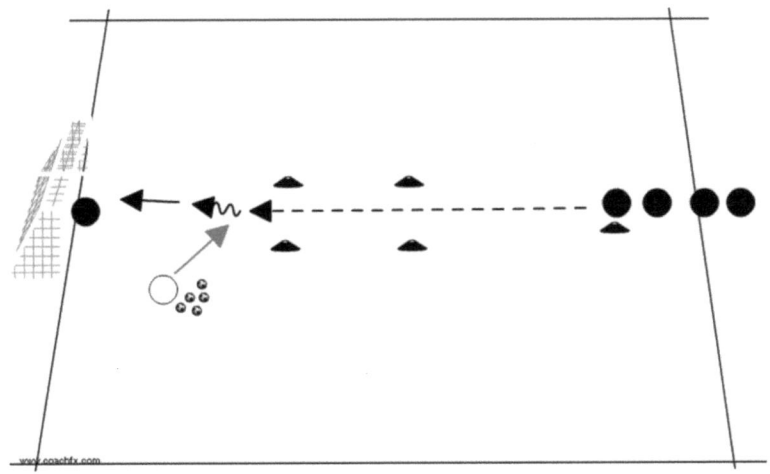

 # Konditionsübungen mit Ball

Die 30 Meter sind mit einem Pylonenpaar (parallel mit zwei Meter Abstand) markiert. Hier erreicht der Läufer seine Höchstgeschwindigkeit und hält diese über 20 Meter, dann durchläuft er ein zweites Hütchenpaar (gleich aufgestellt, etwa 20 Meter vom ersten Hütchenpaar entfernt), reduziert die Geschwindigkeit etwas und bekommt vom Trainer den Ball in den Lauf gespielt. Der Fußballer soll nun den Ball mit dieser hohen Laufgeschwindigkeit verarbeiten, annehmen, kontrolliert vorlegen und mit einem wuchtigen Torschuss aus 16 bis 18 Metern abschließen.

Nach diesem Torschuss startet der nächste Läufer, der Schütze befördert den geschossenen Ball wieder zum Trainer und stellt sich hinten in der Schlange wieder an.

Ist der Startläufer wieder an der Reihe, unterbricht der Trainer kurz und erklärt, welche Fehler gemacht wurden oder was noch besser gemacht werden kann (hier sollte dann auch eine Pausenlänge von 3 Minuten eingehalten werden).

Zur genaueren Erklärung lesen Sie bitte noch einmal die Seite 20. Hier wurde die Übung schon einmal ohne Ball erklärt.

Variation: Nun wird die gleiche Übung mit einem Flankengeber eingesetzt. Auf ein Kommando starten beide gleichzeitig.
Der Sürmer wieder in der Mitte mit seinem submaximalen
Beschleunigungsvorgang und den Hütchenmarkierungen und
der Flankengeber ebenfalls auf seiner Außenposition 10 Meter hinter der Mittellinie.
Der Unterschied besteht nun darin, dass diesmal der Außenstürmer nach dem Maximalsprint über 20 Meter den Ball zu-
gespielt bekommt.
Dieser flankt relativ zügig auf den Stürmer, der natürlich die
Flanke verwerten soll..

Komplexe Variation: Jetzt können fünf Spieler gleichzeitig
eingesetzt werden. Die vorige Übung wird wiederholt.
Jetzt befinden sich aber schon ein Verteidiger und ein Stür-
mer im Strafraum. Die Stürmer sollen natürlich nach der
Flanke das Tor erzielen.
Verteidiger und Torwart wollen dies verhindern.

**So kann man nun ein Schnelligkeitstraining mit einem Tor-
schuss- und Flankentraining verbinden.**

 # Konditionsübungen mit Ball

Die vorhergehenden Übungen der Seite 23 werden nun mit
Ball wiederholt. Der Ball soll möglichst genau auf der Linie
und eng geführt werden. Dies ist extrem anspruchsvoll.
Aber mit der Zeit wird hierdurch die Ballführung immer besser. Hierbei müssen die Fußballer den Ball natürlich genau
im Auge behalten, aber trotzdem sollte der Kopf nur gering-
fügig nach vorn geneigt werden, damit die Übersicht auf
dem Spielfeld gewahrt bleibt.
Beim letzten Durchgang ist die maximale Geschwindigkeit
angesagt.

 # Konditionsübungen mit Ball

Training der fußballspezifischen Ausdauer mit Ball

Kommen wir nun zu den wichtigsten Übungen in Bezug auf Kondition im Fußball: Das Training der fußballspezifischen Ausdauer mit Ball.

Dies entspricht der schon erklärten Trainingsform HIIT mit Ball. Beginnen wir mit den Beschreibungen der härtesten Übungen in dieser Form. Je mehr Spieler schließlich an den folgenden Trainingsspielen beteiligt sind, desto geringer wird die Intensität.

1. Es werden zwei Mannschaften mit 4 – 6 Spielern eingeteilt. Diese werden chronologisch durchnummeriert. Die Spielfläche beträgt etwa 30 x 30 Meter.

Nur die Spieler mit der Nummer 1 gehen ins Feld. Sie spielen jetzt „eins gegen eins" über einen Zeitraum von 30 Sekunden bei Jugendlichen und bis zu 60 Sekunden bei gut trainierten Erwachsenen. Nach der Zeit ruft der Trainer die Spieler mit der Nummer 2 auf. Jetzt wird 30 – 60 Sekunden zwei gegen zwei gespielt. Die einzige Aufgabe der Spieler ist Ballhaltung. So geht es immer weiter bis alle Spieler im Feld sind. Danach geht das ganze rückwärts, die Spieler mit der Nummer 1 werden zuerst „ausgerufen" und zum Schluss die Spieler mit der höchsten Nummer (siehe Bild nächste Seite).

Eine Variante ist es, die Spieler die zuletzt reinkamen, als erste wieder rauszunehmen. Damit wären die Spieler mit der Nummer 1 die ganze Zeit auf dem Feld, was eine sehr hohe Belastung bedeutet. Hier könnten Spieler ausgesucht werden, die etwas „lauffaul" sind.

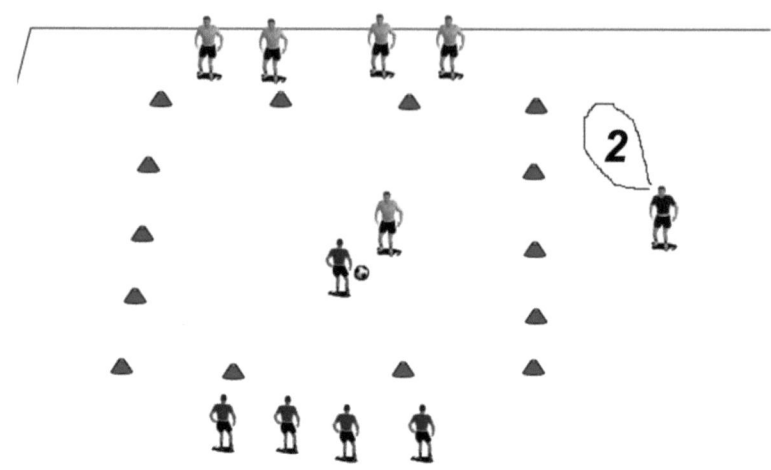

2. Die Größe des Spielfeldes wird beibehalten. Es wird 2 gegen 2 auf zwei Minitore gespielt.

Auf die beiden Grundlinien wird jeweils ein Minitor (notfalls mit Pylonen) gestellt. Daneben werden einige Bälle platziert. Dadurch kann das Spiel sofort weitergeführt werden, wenn der Ball ins Aus geht. Es gibt keine Eckebälle. Gespielt werden z.B. zweimal 3 - 4 Minuten mit einer zweiminütigen Pause nach der ersten Hälfte.

Das ist das Regel-Rahmenprogramm. Jede Trainerin oder Trainer kann hier das Regelwerk beliebig verändern.

 ## Konditionsübungen mit Ball

3. Die gleiche Übung wird mit drei oder vier Spielern pro Mannschaft gespielt.
Die Spieldauer wird auf zweimal 5 - 6 Minuten erhöht.

4. Die Übung wird wieder mit drei bis vier Spielern pro Mannschaft praktiziert. Diesmal wird aber zwei kleine Tore mit Torhütern gespielt. Die Spieldauer erhöht sich auf zweimal 8 - 10 Minuten.

Merke: Alle in diesem letzten Kapitel aufgeführten Trainingsspiele werden erst gegen Ende des Trainings eingebaut. Hiernach kann lediglich noch ein "normales" Abschlussspiel ohne Vorgaben stattfinden. Ein Technik- oder Schnelligkeitstraining ist nach einem HIIT-Training kontraproduktiv, weil die Spieler übersäuert sind.

 # Konditionsübungen mit Ball

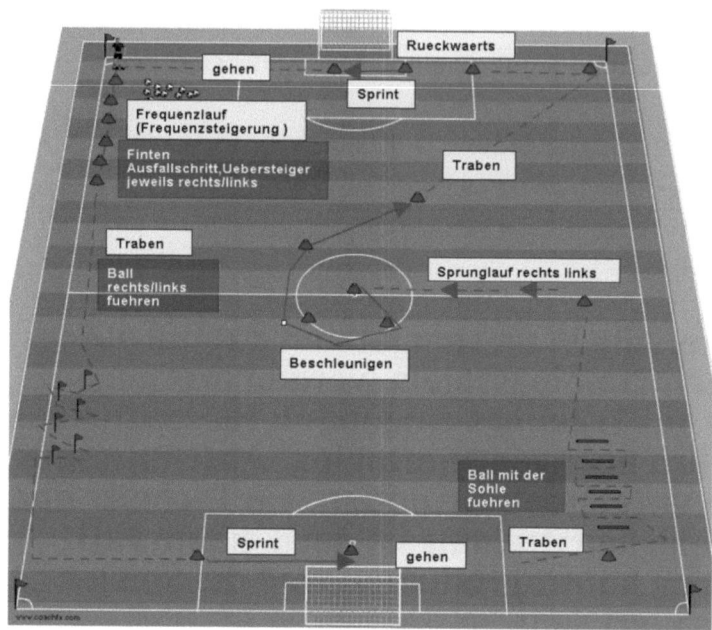

5. Und hier einmal eine Alternativ-Übung in Form eines Parcours.

Übungsaufbau und Übungsablauf:

Beim Startpunkt oben links werden genauso viele Bälle platziert wie Spieler vorhanden sind. Die erste Runde ohne Ball (weiße Hinweise), die nächste Runde mit Ball (blaue Hinweise) etc.

Die erste Runde erfolgt ohne Ball. Der Spieler startet mit einem Kniehebelauf und steigert die Frequenz bei jedem Hütchen. Die nächste Strecke wird getrabt, Slalomlauf, Sprinten, Gehen, Traben, seitliches Laufen, Traben, Sprunglauf, Beschleunigen von Hütchen zu Hütchen um den Mittelkreis (am letzten Hütchen erreichen die Spieler Höchstgeschwindigkeit), Traben, Rückwärtslauf, Sprint und Gehen.

 # Konditionsübungen mit Ball

Training der fußballspezifischen Ausdauer mit geringerer Intensität

Im letzten Kapitel des Buches werden nur noch Trainingsspiele mit einer geringeren Intensität erklärt. Hierbei handelt es sich ausschließlich um Trainingsformen von "4 gegen 4" bis "7 gegen 7" auf zwei Tore.
Die fußballspezifische Ausdauer wird hier natürlich trotzdem intensiver trainiert als bei bei einem normalen Wettspiel "11 gegen11".

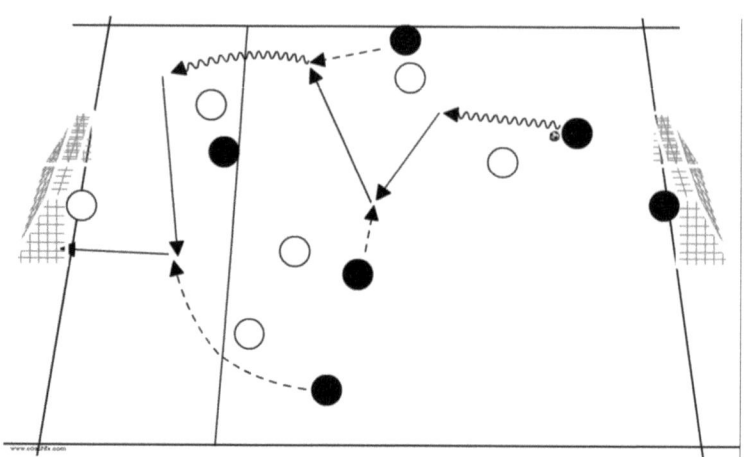

Es werden zwei Mannschaften mit jeweils einem festen Torwart gestellt.
Die Anzahl der Feldspieler beträgt 5 – 7 pro Mannschaft.

Übungsablauf:
1. Eine Mannschaft spielt auf das Tor mit dem Angriffsfeld. Schießt sie ein Tor mit einem Distanzschuss außerhalb des Angriffsfeldes, wird dieses Tor doppelt gewertet.
2. Dribbelt die Mannschaft in das Angriffsfeld und erzielt dann ein Tor, zählt dieses auch doppelt. Alle andere Tore, auch die der gegnerischen Mannschaft (diese spielt ja auf kein Angriffsfeld), zählen einfach.

3. Nach zehn Minuten werden die Seiten gewechselt und die andere Mannschaft spielt auf das Tor mit dem Angriffsfeld. Sieger nach 20 Minuten ist natürlich die Mannschaft mit den meisten Torpunkten (hier Torpunkte, weil manche Tore ja doppelt zählen).

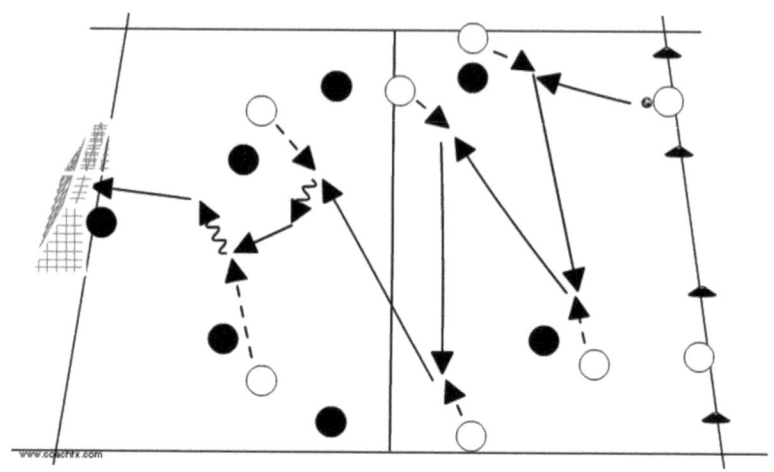

Bei dieser Übung wird 5 bis 7 gegen 5 bis 7 auf zwei große und besetzte Tore gespielt. Erobert eine Mannschaft den Ball in der eigenen Spielfeldhälfte, müssen in dieser erst vier Pässe gespielt werden, bevor in die gegnerische Hälfte gepasst werden darf.

Variation: Unter den mindestens vier Pässen muss ein Doppelpass integriert werden.

 # Konditionsübungen mit Ball

Nächste Spielformen:

Es wird z.B. 7 gegen 5 auf zwei besetzte Tore gespielt. Die Mannschaft in Überzahl darf nur mit jeweils drei Ballkontakten spielen. Nach einigen Minuten bekommt die andere Mannschaft die Überzahl und maximal drei Ballkontakte zugesprochen.
Diese Übung ist sehr anspruchsvoll und sollte maximal 2 x 5 Minuten gespielt werden, bevor das „freie Spiel" an die Reihe kommt.

Jetzt werden zwei Mannschaften gebildet, die auf zwei große besetzte Tore spielen. Jede Mannschaft besitzt einen Flügelstürmer, der außerhalb des Spielfeldes mit Bällen steht.
Der erste Außenstürmer dribbelt in Richtung Torauslinie und flankt hoch oder flach in den Strafraum.
Hierauf erfolgt ein normales freies Spiel, bis der Ball ins Aus oder ins Tor geschossen wird.
Nun tritt der Flügelstürmer der gegnerischen Mannschaft mit der gleichen Aktion auf das andere Tor in Aktion usw.

Konditionsübungen mit Ball

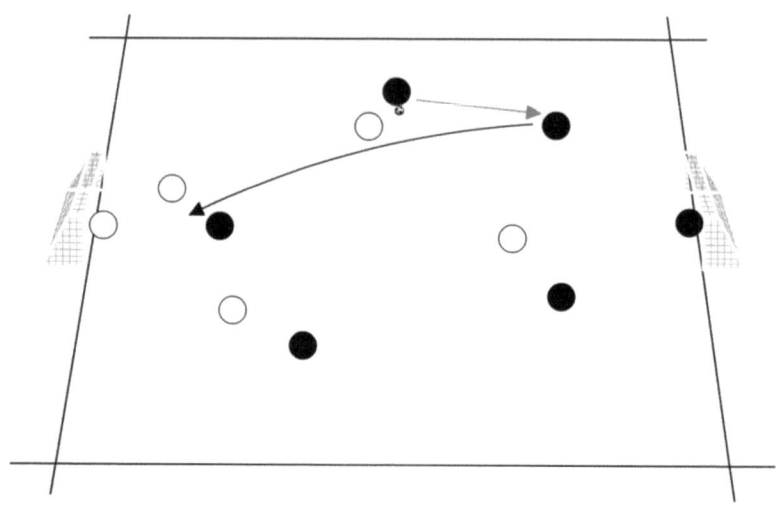

Auf einem Kleinfeld spielen zwei Mannschaften mit besetzten Toren gegeneinander. Die eine Mannschaft hat z.B. fünf Feldspieler, die andere aber nur vier. Erobert die Mannschaft in Überzahl den Ball, muss immer ein Rückpass erfolgen.

Der Mitspieler, der diesen Pass erhält, muss einen direkten Pass nach vorn spielen (nur so dürfen sie ein Tor schießen). D.h., wenn der Rückpass erfolgt, suchen die angreifenden Spieler sofort die „freien Räume". Es wird ohne Abseits gespielt.

Konditionsübungen mit Ball

Auf einem Kleinfeld mit besetzten Toren versuchen nun fünf Angreifer gegen drei Verteidiger ein Tor zu erzielen (Abbildung nächste Seite). Links und rechts neben dem Tor der Verteidiger steht noch jeweils ein Spieler (ein Spieler mit Ball).

Bei jeglichem Ballverlust (z.B. durch einen Ausball, Fehlpass, Torerfolg usw.) müssen zwei Stürmer den Platz verlassen.

Jetzt werden die drei Verteidiger zu Stürmern, und werden dabei von den beiden Spielern neben ihrem Tor sofort unterstützt. Diese beiden Mitspieler werden sofort zu Stürmern. Bei einem "Ausball" oder einem Tor, bringt einer dieser beiden Spieler einen Ball sofort mit ins Geschehen und leitet den Angriff ein. Bei einem Ballverlust der Angreifer, bei dem der Ball im Spiel bleibt, leiten die Verteidiger auf dem Feld den Angriff ein, die Spieler neben dem Tor stoßen sofort zu dem Überzahlangriff hinzu.

Wird hier wieder der Ball verloren oder mit einem Tor abgeschlossen, wechselt die angreifende Mannschaft. Sie wird wieder von zwei weiteren Spielern unterstützt, und die jetzt wieder verteidigende Mannschaft nimmt zwei Spieler vom Feld.

Es empfiehlt sich, hier mit drei „festen Verteidigern" zu spielen. Diese wechseln also permanent von Verteidigung auf Angriff und umgekehrt. Bei jedem Angriffswechsel wird die angreifende Mannschaft also von zwei "frischen" Stürmern ergänzt.

 # Konditionsübungen mit Ball

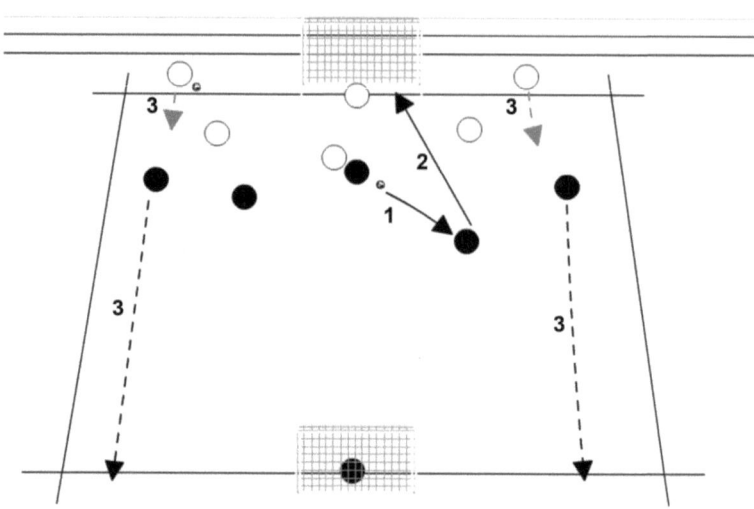

Hier wird nicht nur der Konter trainiert, sondern auch das schnelle Umschalten von Angriff auf Abwehr und die fußballspezifische Ausdauer.

Nach einer gewissen Zeit werden die drei Stammspieler jeder Mannschaft ausgetauscht.

Diese Übung macht allen Spielern erfahrungsgemäß sehr viel Spaß und beinhaltet einen enormen Lernprozess.

Variationen: Die gleiche Übung kann auch mit drei Angreifern gegen zwei Verteidiger gespielt werden, bzw. auch in anderen Kombinationen wie 2 gegen 1.

 # Konditionsübungen mit Ball

Die folgende Übung ist höchst interessant, lehrreich, fussballspezifisch und macht allen Fußballern sehr viel Spaß.
Hierbei werden das schnelle Passspiel, Freilaufen, Direktspiel, schnelle Umschalten von Angriff auf Abwehr, schnelle Umschalten von Abwehr auf Angriff und das Konterspiel trainiert.

Die Übung kann weiterhin mit unterschiedlichsten Mannschaftsstärken gespielt werden, wie 5 : 3, 6 : 3, 7 : 4.
Die Mannschaft in Überzahl soll den Ball so schnell wie möglich durch die eigenen „Reihen" laufen lassen und spielt auf kein Tor. Das Team in Unterzahl versucht, den Ball zu erkämpfen und spielt auf vier Hütchentore. Bei einem Ballgewinn schalten sie sofort auf Angriff um, und versuchen ein Tor zu erzielen. Die Hütchentore stehen jeweils in der Mitte der vier Seitenlinien. Die Feldgröße wird der Spieleranzahl, der Kondition und der technischen Qualität angepasst.
Nach einigen Minuten wird die Mannschaft in Unterzahl immer wieder ausgetauscht.

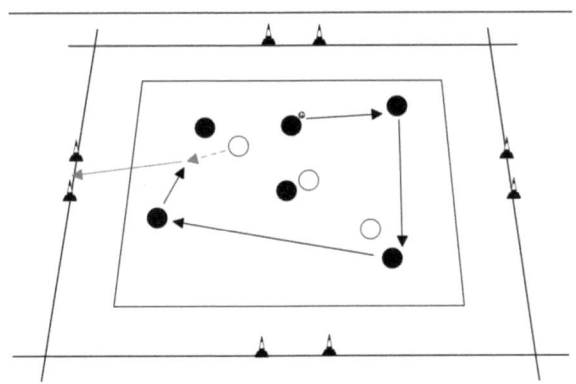

 **Konditionsübungen mit Ball**

Variationen:

- Nach ein bis drei Toren wechselt die Mannschaft in Unterzahl.

- Die Mannschaft in Überzahl darf nicht dribbeln.

- Die Mannschaft in Überzahl spielt mit jeweils höchstens zwei Ballkontakten.

- Das Team in Überzahl muss direkt spielen.

- Die Mannschaft in Unterzahl spielt nur auf drei Hütchentore und das Team in Überzahl spielt auf ein „normales" Tor, das mit einem Torwart besetzt ist.

- Die Mannschaft in Unterzahl spielt nur auf zwei Hütchentore.

- Das Team in Überzahl spielt mit Gewichtswesten und macht nach jedem Tor der gegnerischen Mannschaft 10 Liegestütze.

 # Konditionsübungen mit Ball

Bei diesem folgenden Trainingsspiel agiert eine Mannschaft in Überzahl (8 gegen 6, 7 gegen 5 oder 6 gegen 4) Die Mannschaft in Überzahl darf nur nach vorne spielen vorwärts dribbeln. Bei Missachtung dieser Regeln wechselt sofort der Ballbesitz. Die Mannschaft in Unterzahl weiß nun bei einem Ballverlust, dass der Gegner aggressiv nach vorne spielt, und sie damit blitzschnell von Angriff auf Abwehr umschalten muss.

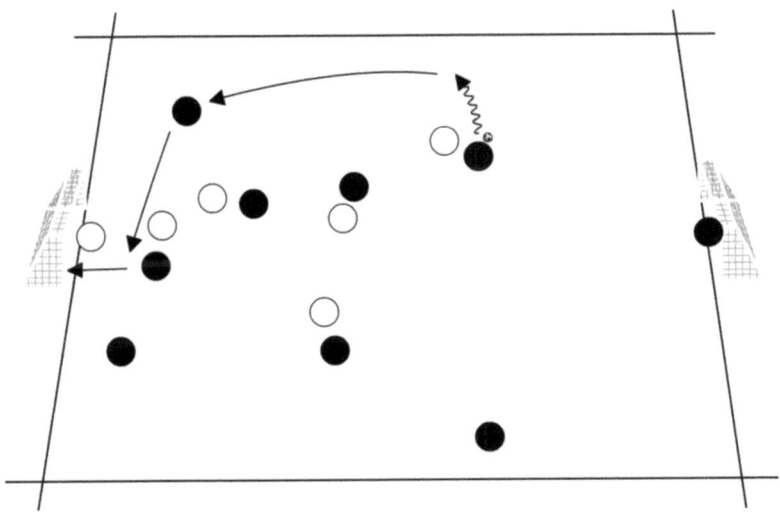

 # Konditionsübungen mit Ball

Bei dieser Form des Trainingsspiels darf eine Mannschaft nur ein Tor erzielen, wenn alle Mitspieler (außer Torwart) sich in der gegnerischen Hälfte befinden. Bei dieser Regel sind alle Spieler mehr oder weniger gezwungen, sich ins Angriffsspiel mit einzuschalten. Des Weiteren wird hier ganz unauffällig das Training der fußballspezifischen Ausdauer eingebaut (diese Art des Abschlussspiels wird natürlich nach einem harten Konditionstraining vermieden, ein Training in den Erschöpfungszustand oder sogar in ein permanentes Übertraining könnte die Folge sein).

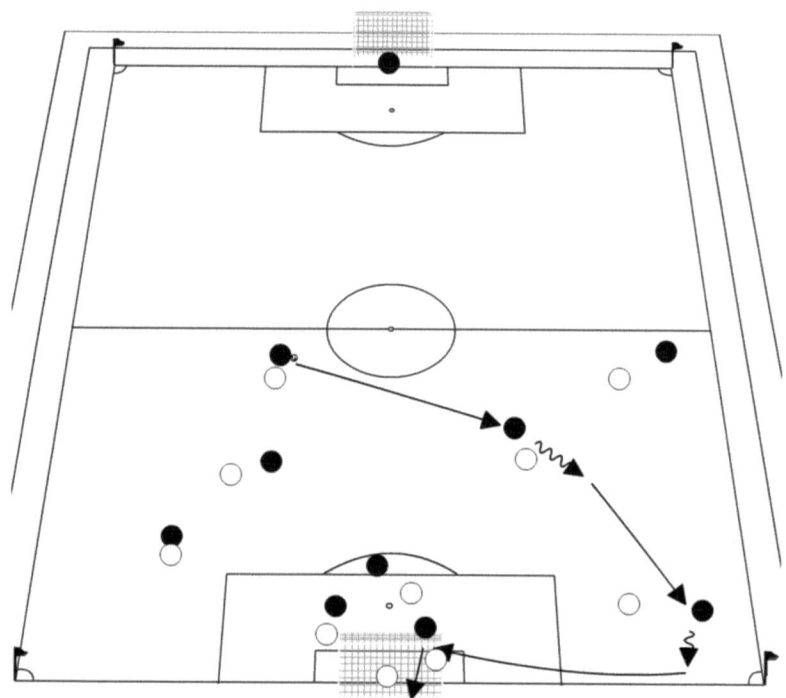

 # Konditionsübungen mit Ball

Bei dieser Übung wird auf ein großes besetztes Tor und zwei Pylonentore gespielt (siehe folgende Zeichnung). Das große Tor wird von vier Feldspielern verteidigt. Sechs Gegenspieler stürmen auf das besetzte Tor, müssen aber bei Ballverlust die „Hütchentore" schützen.

Der Abschluss auf das große Tor soll dabei so schnell wie möglich erfolgen.

Nach einigen Minuten werden die Verteidiger ausgetauscht.

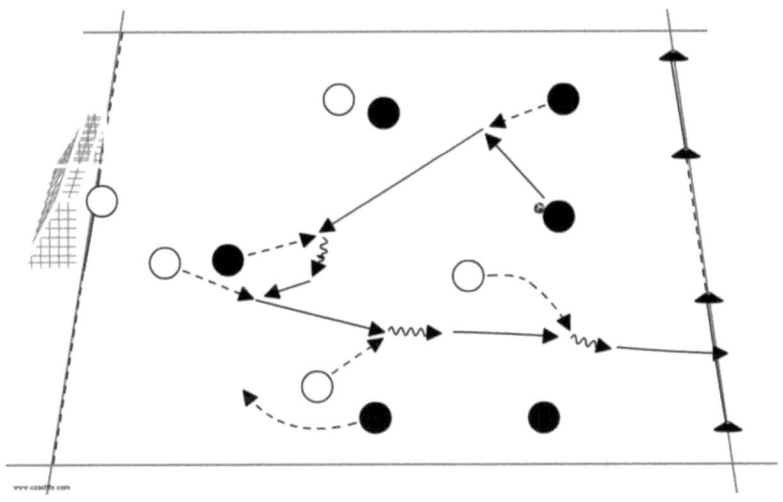

Nach dieser Übung wird die ganze Situation „verschärft". Jetzt wird die Angreiferzahl auf sieben erhöht, darf aber nur mit maximal drei Ballkontakten agieren.

 # Konditionsübungen mit Ball

Bei dem folgenden Trainingsspiel wird sehr stark die fußballspezifische Ausdauer trainiert (siehe Skizze unten).
Mehrere kleine Tore mit Pylonen werden in einer Spielfeldhälfte aufgebaut. Es spielen mindestens „6 gegen 6". Der Ball soll durch ein Tor gespielt werden, wobei ein Mitspieler diesen Ball hinter dem Tor annehmen muss, damit ein reguläres Tor erzielt wird. Die Spieldauer beträgt etwa 5 bis 10 Minuten. Der Trainer muss darauf achten, dass alle Spieler ständig in Bewegung sind und nicht permanent hinter einem Tor auf das Anspiel warten.

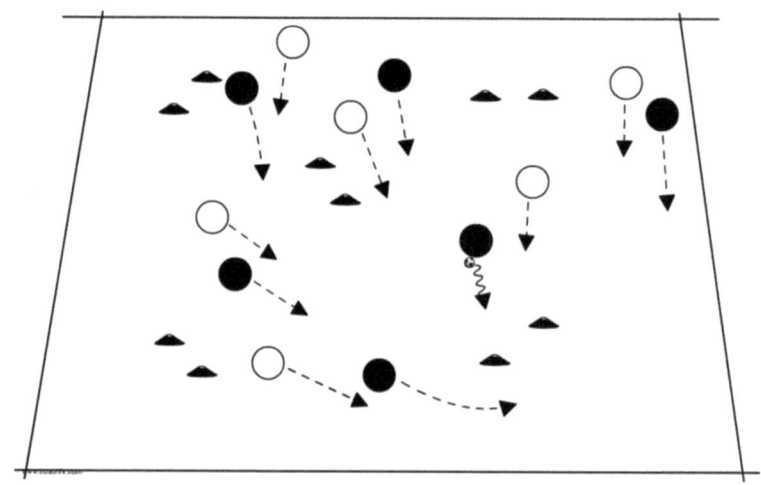

 # Konditionsübungen mit Ball

Beispiele für weitere anspruchsvolle Abschlussspiele

* Bei diesem ersten beschriebenen Abschlussspiel trainieren wir den schnellen Angriff in Überzahl und den Konter. Gespielt wird auf zwei besetzte Tore. Die angreifende Mannschaft stellt vier Stürmer, die abwehrende drei Verteidiger.

Bei der verteidigenden Mannschaft stehen vier Spieler außerhalb des Spielfeldes neben dem Tor, bei der angreifenden Mannschaft drei Spieler außerhalb neben ihrem Tor.

Übungsablauf:

1. Der Angriff muss innerhalb von zwei Minuten abgeschlossen sein, ansonsten müssen die Angreifer vom Feld und die drei wartenden Mitspieler werden zu Verteidigern.

Die wartenden vier Spieler werden jetzt zu Stürmern und bekommen den Ball usw. Jeder Angriff wird aber immer wieder auf zwei Minuten begrenzt.

2. Erlangen die Abwehrspieler den Ball, müssen sie sofort einen Konter einleiten und dürfen nur nach vorne laufen oder dribbeln. Sie suchen also den bedingungslosen Torabschluss. Nach dieser Aktion, egal ob Torabschluss oder Wiedererlangen des Ballbesitzes für die Stürmer, wird es auf die zwei Minuten angerechnet.

3. Beenden die Stürmer mit einem Torabschluss, wechselt

 # Konditionsübungen mit Ball

natürlich auch das Angriffsrecht mit den jeweils neuen Spielern. Ecken und Freistöße werden ausgeführt, wenn sie innerhalb der zwei Minuten stattfinden.

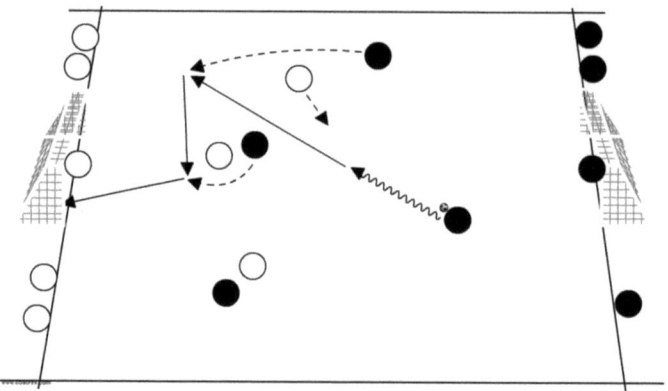

* Hier wird ein Abschlussspiel auf vier Tore gespielt.

 # Konditionsübungen mit Ball

2 Hütchentore werden auf Höhe der Mittellinie aufgebaut. Zuerst 3 dann 4 und am Ende gegen 5 Angriffsspieler. Die Spieleröffnung macht hier der Torwart. Die Defensivabteilung muss mindestens 5 und maximal 10 Pässe spielen bevor ein Hütchentor durchdribbelt wird. Gelingt dies, startet der Angriff wieder beim Torwart. Fangen die Angreifer den Ball ab, so dürfen sie auf das Tor abschließen.

Die Spieler mit dem dunklen Trikot sind hier natürlich die Angreifer. Die Hütchentore muss man sich auf der Mittellinie vorstellen.

 # Konditionsübungen mit Ball

Anspielbarkeit / Verbesserung der fußballspezifischen Ausdauer

Die Anspielbarkeit eines Fußballers ist abhängig von konditionellen, technischen und taktischen Fähigkeiten, sowie das Selbstbewusstsein eines Spielers.

Übung 1 zur Verbesserung der Anspielbarkeit

www.coachfx.com

 ## Konditionsübungen mit Ball

Übungsaufbau und Ablauf:

Zwei Mannschaften spielen 5 : 5 bis zu 7:7 mit entsprechender Feldgröße und vier kleinen Toren.

Bei größerer Spieleranzahl wird mit zwei Bällen gespielt. Jetzt kann sich kein Spieler mehr verstecken und jeder Spieler wird häufig angespielt.

Ein Spieler, der sich nicht bewegt und freiläuft, fällt sofort auf und kann ermahnt werden.

Die Übung ist auch zur Verbesserung der fußballspezifischen Kondition hervorragend geeignet.

Die erlaubten Ballkontakte können im Laufe des Spiels auf drei bis einen reduziert werden, um das Spiel mehr und mehr zu beschleunigen.

Folgendes sollte bei dieser Übung beachtet werden:

Die Spieler müssen den Gegner und die zu verteidigenden Tore stets im Auge behalten.

Pässe genau spielen.

Nach Ballverlust schnelles agieren in die Defensive.

Auf die Chance des Ballgewinns warten.

Die Konzentration muss ständig hoch sein und man ist fast immer anspielbar.

Die Seite soll oft verlagert werden, um die Torwahrscheinlichkeit zu erhöhen.

Schnelles Passspiel aufbauen und den Pass in die „Tiefe" suchen.

Bei Ballbesitz auch die Positionen verändern und nicht zu phlegmatisch spielen.

Konditionsübungen mit Ball

Übung 2 zur Verbesserung der Anspielbarkeit

Übungsaufbau und Übungsablauf:

Diesmal spielen 5 : 5 auf jeweils zwei kleine Tore auf der gleichen Linie. Die Trainingsziele sind die gleichen wie in der vorhergehenden Übung. Hier sind allerdings die Vor- und Rückbewegungen dem normalen Wettspiel ähnlicher. Die Anzahl der Ballkontakte wird im Laufe des Spiels wieder reduziert.

Bei dieser Übung sollte der Trainer überwiegend auf das "Spiel ohne Ball" achten. Es sollten immer wieder neue Dreiecke gebildet werden.

Die Anspielbarkeit wird durch die Bildung von Dreiecken, verbunden mit einen schnellen "sich lösen" vom Gegenspieler, enorm verbessert.

Dies funktioniert aber nur, wenn der Trainer hier beim Fehlverhalten sofort unterbricht und den Spielern die Fehler aufzeigt.

Läßt der Trainer die Übung einfach nur laufen, so erzielt er auch nicht den gewünschten Effekt.

 # Konditionsübungen mit Ball

Übungsaufbau für das nächste Trainingsspiel:
- Ganzes Spielfeld
- 2 Teams mit jeweils 5-7 Spielern bilden
- Alle Spieler befinden sich in einer Hälfte, dessen Tor nicht besetzt ist.

Übungsablauf:
Die beiden Mannschaften spielen „auf Ballhalten" gegeneinander in einer Spielfeldhälfte.
Auf ein Trainerkommando versucht die Mannschaft in Ballbesitz einen schnellen Konter auf das mit einem Torwart besetzte Tor.
Die andere Mannschaft versucht den Konter abzufangen.

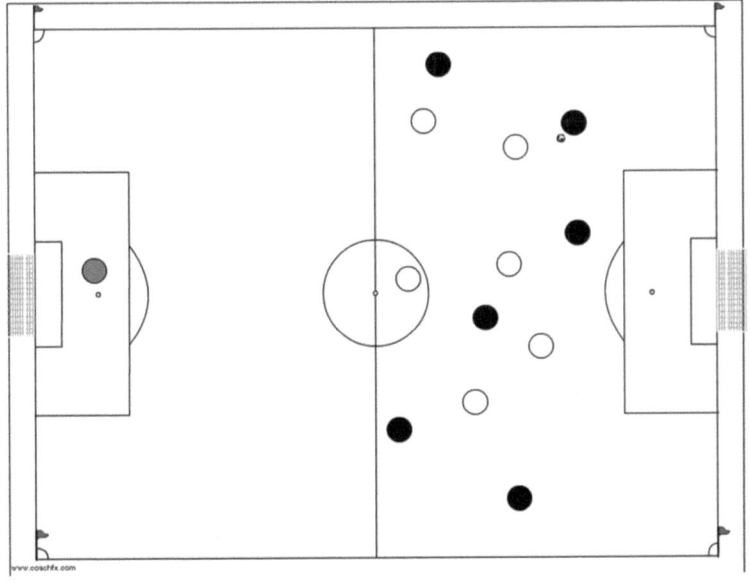

 # Konditionsübungen mit Ball

Nach dem Torschuss oder dem Abfangen des Konters beginnt das Spiel wieder in der Hälfte ohne Torwart.

Diese Übung kann auch in kleineren Gruppen absolviert werden, indem die rechte Spielfeldhälfte mit Hütchen verkleinert wird.

Abschlussspiel mit Dribbelaktion

Es wird ein Feld von 40 x 30 Meter abgesteckt. Ebenfalls wird eine mittlere Zone von 20 x 30 Meter markiert. Es werden zwei Mannschaften gebildet mit je einem Torwart, einem Abwehrspieler in der Abwehrzone und 4 – 6 Spieler je Mannschaft in der mittleren Zone.

Ablauf: In der mittleren Zone spielen 4 gegen 4, 5 gegen 5 oder 6 gegen 6. Schafft es nun ein Spieler über die Grundlinie der mittleren Zone auf das gegnerische Tor zu dribbeln, muss er nun 1 gegen 1 gegen den Verteidiger den Torabschluss suchen. Der Stürmer darf dribbeln oder auch direkt schießen. Der Torwart darf auch aktiv eingreifen, und seine Torlinie verlassen.
Egal wie das Endresultat ausgeht, die verteidigende Mannschaft bekommt dann den ersten Ballbesitz in der mittleren Zone, Ecken werden nicht ausgespielt (siehe Bild nächste Seite).

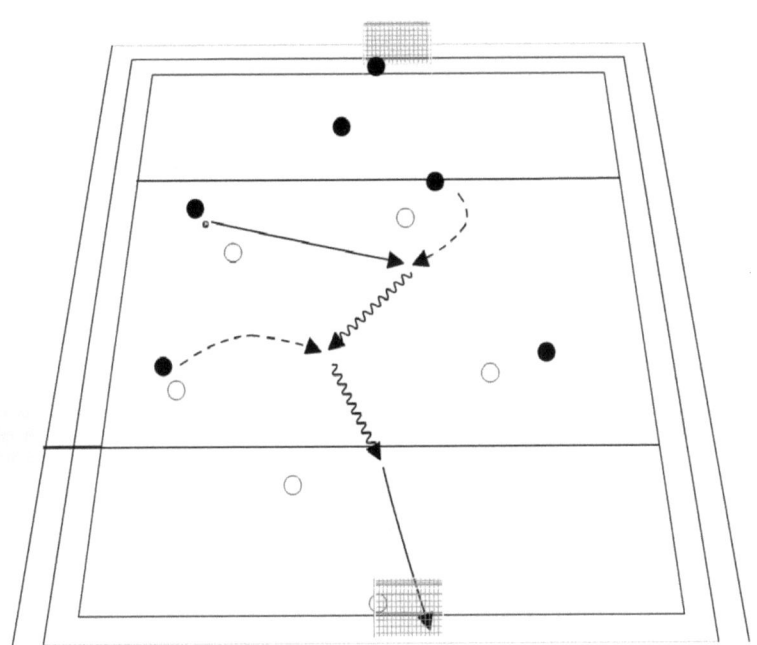

Variationen

- Der Stürmer ruft den Namen eines Mitspielers aus der mittleren Zone, der ihn bei dem Angriff in der Verteidigungszone des Gegners unterstützen darf.
- Jetzt darf auch der Verteidiger einen Spieler zur Verstärkung rufen, so bald ein Angreifer in seine Zone eindringt.
- Distanzschüsse aus der Mittelzone werden erlaubt.
- Der Torwart darf die Torlinie nicht verlassen.

61

 # Konditionsübungen mit Ball

- Es wird ohne Verteidiger gespielt, der Angreifer spielt also 1 gegen 1, wenn er in die Verteidigungszone eindringt.

- Es dürfen insgesamt drei Angreifer in die Verteidigungszone eindringen, gegen einen Verteidiger und einen Torwart, aber die Stürmer dürfen ausschließlich mit ihrem „schwächeren" Fuß spielen.

 # Konditionsübungen mit Ball

Das Elf gegen Null-Plus-Spiel (progressives Mannschafts-training mit steigendem Schwierigkeits- und Realitätsgrad)

Und nun kommen wir zum neusten und effektivsten Trainingsspiel dem "Elf gegen Null-Plus-Spiel".
Hervorragend zum Einstieg einer Mannschaft in die neueste Trainingsform eignet sich ein 11 gegen 0.
Eine Mannschaft positioniert sich in taktischer Grundordnung auf, und führt Angriffe ohne Gegner aus, um Laufwege und Passkombinationen perfekt zu automatisieren.
Genauso kann das Defensivspiel in dieser Trainingsform perfektioniert werden, indem der Trainer oder die Trainerin die aktuelle Position eines virtuellen Balles verbal vorgibt, und die Mannschaft entsprechend verschieben muss.

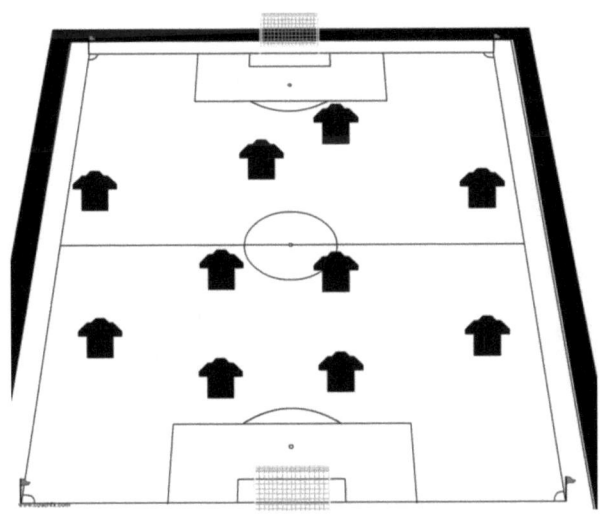

Hier ein Beispiel der Startformation im 4-2-3-1-System.

 # Konditionsübungen mit Ball

In der Regel startet das 11 gegen Null-Plus-Spiel mit einem Abstoß, Abschlag oder Freistoß aus der eigenen Hälfte.
Ist der besprochene Spielzug mit einem 11 gegen Null perfekt einstudiert, kann z.B. mit einem 11 gegen 5 fortgefahren werden. Die abwehrende Mannschaft spielt hier mit einem 2-1-1-System, also Torwart, zwei Abwehrspieler, einem Mittelfeldspieler und einem Stürmer. Die angreifende Mannschaft trainiert also einen bestimmten Spielzug, die abwehrende Mannschaft trainiert durch die extremen Laufwege die fußballspezifische Ausdauer. Das Spiel wird erst unterbrochen, wenn eine Mannschaft ein Tor erzielt hat, unabhängig vom Erfolg des Spielzuges. In der Regel erzielt natürlich die Mannschaft in Überzahl den Treffer.

Beispiel für ein 4--1-4-1 gegen Null in der Startformation

Konditionsübungen mit Ball

Im weiteren Verlauf erhöhen wir auf ein 2-2-2 -System, Torwart, zwei Abwehrspieler, zwei Angreifer und zwei Stürmer. Der Spielzug der Mannschaft wird hierbei geübt, bis er (fast) perfekt einstudiert ist.

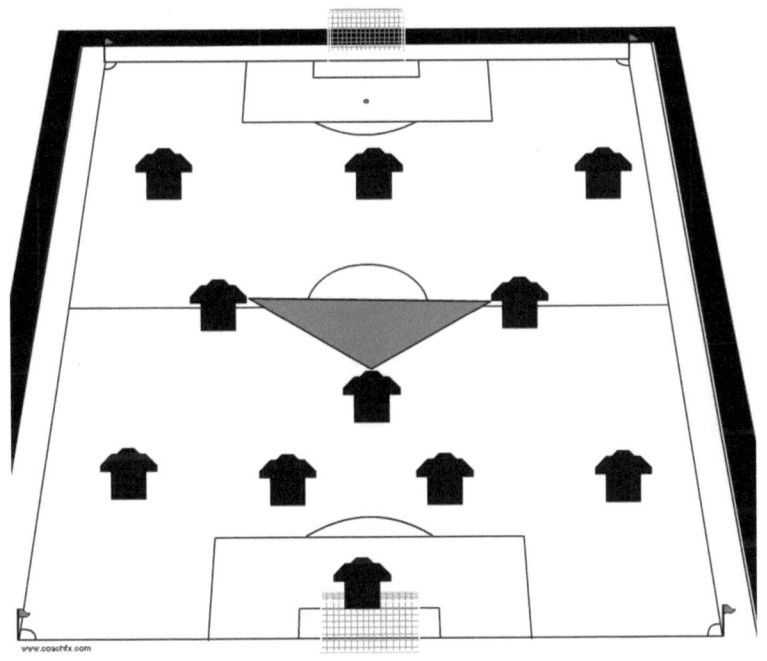

Beispiel für ein 4-3-3 System in der Startformation

 # Konditionsübungen mit Ball

Im letzten Schritt spielt die abwehrende Mannschaft z.B. ein 3-3-2 System, Torwart, drei Verteidiger, drei Mittelfeldspieler und zwei Stürmer.

Jetzt kommen wir den realen Bedingungen schon sehr nah.

Im nächsten Liga-Spiel wird der betreffende Spielzug (oder auch mehrere Spielzüge) bei einem 11 gegen 11 ausprobiert. In dieser Form können auch Standardsituationen mit den entsprechenden Variationen trainiert werden (Training von Profis auch für Amateure).

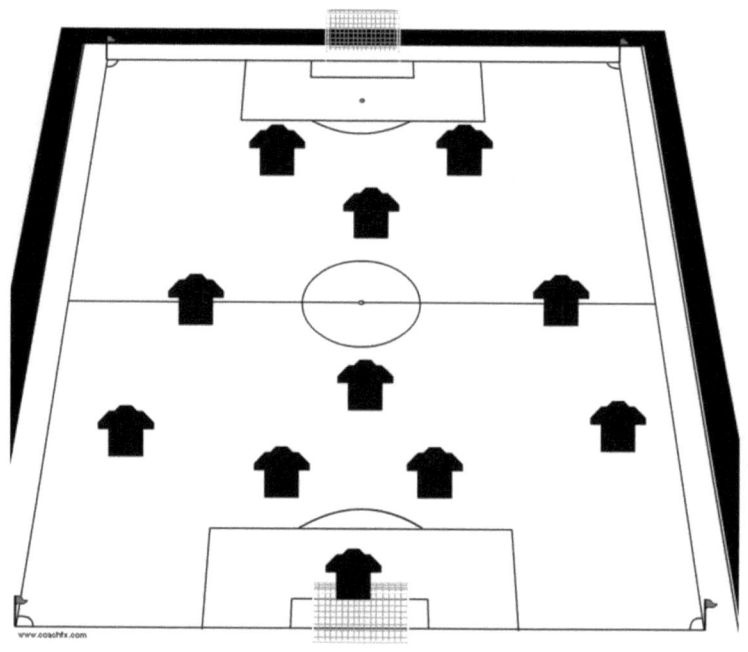

Beispiel für ein 4-1-2-1-2 in der Startformation

 # Konditionsübungen mit Ball

Vorteile des 11 gegen Null-Plus-Spiel

- Das perfekte Einstudieren von Spielzügen und Standardsituationen

- Spielen auf der originalen Feldgröße

- Das perfekte Training der fußballspezifischen Ausdauer für die Mannschaft in der Unterzahl

Nachteile des 11 gegen Null-Plus-Spiel

- Ein ganzer Fußballplatz steht nicht immer zur Verfügung.

- Auch die betreffende Spieleranzahl ist nicht immer vorhanden.

# Literaturverzeichnis

Claßen, M. / Schnepper, W.:
Taktiktraining im Jugendfußball, BOD, 2011

Claßen, M. / Schnepper, W.:
Taktiktraining im Jugendfußball 2, BOD, 2012

Claßen, M. / Schnepper, W.:
Pressing mit System, BOD, 2012

Schnepper, W.:
Abschlussspiele im Fußball, BOD, 2017

Schnepper, W.:
Fussball: Aufstieg aus der Kreisliga leicht gemacht, BOD, 2022

Schnepper, W.:
Jugendfussball: Aufstieg in die Leistungsklasse leicht gemacht, BOD, 2022